PROLOGUE.

LES DEUX SILPHES.

Naturâ duce utendum est.... idem est beate vivere et secundum naturam.
SÉNÈQUE.

Le théâtre, environné de toutes parts de nuages, représente le milieu des airs. Les deux Silphes paraissent.

LE SILPHE.

Malgré tout le respect que j'ai pour votre sexe, belle Silphide, vous me permettrez d'être d'un avis différent du vôtre.

LA SILPHIDE.

Eh ! quoi, mon cher Silphe, vous pourriez soutenir que les hommes policés sont moins vicieux que les hommes de la nature ?

LE SILPHE.

Sans doute, les institutions de tous les genres opèrent sur les hommes en société, comme la lime sur l'acier, qu'elle rend brillant.

LA SILPHIDE.

La comparaison est juste ; mais prenez-y garde, si la lime polit, elle use, et le brillant qu'elle donne est acheté aux dépens de la solidité.

LE SILPHE.

N'aimez vous pas à vous promener dans un jardin dont les arbres, taillés avec art, vous offrent des fruits à la hauteur de la main qui veut les cueillir ?

LA SILPHIDE.

Oui; mais lorsque je me rappelle que ces beaux fruits sont arrosés des larmes du cultivateur, dont le front, sans cesse courbé vers la terre, y verse la sueur pour la fertiliser; quand je songe que celui qui les fit mûrir ne doit pas en savourer les parfums, destinés aux Laïs seules ou bien aux modernes Lucullus; ma main s'arrête, mes désirs s'évanouissent, et je préfère ces fruits sauvages, dont l'âpreté rafraîchit ma bouche, sans faire battre mon cœur d'indignation.

LE SILPHE, *souriant*.

Vous peignez avec chaleur, Silphide, et j'ai bien peur de perdre ma cause. La raison est si froide auprès du sentiment! Pourtant, comme vous êtes femme, quoique d'une nature supérieure, permettez-moi de vous demander si vous n'aimeriez pas un rosier sans épine.

LA SILPHIDE.

Vous nous connaissez mal, beau Silphe, les plaisirs sans contrariétés ne plaisent pas aux dames.... Revenons à votre rosier. S'il n'avait pas d'épines, ses belles roses seraient dévorées par les insectes ou broutées par les animaux; si l'art les lui ôtait, il serait languissant.... à l'application s'il vous plaît; les hommes sont comme les rosiers; laissons-les comme la nature les a formés.

LE SILPHE.

Ainsi vous voudriez que l'homme, toujours rude, toujours sauvage, restât dans ses forêts, occupé toute sa vie à faire la guerre aux animaux timides ou bien à disputer son existence avec les bêtes farouches.

LA SILPHIDE.

Faire la guerre aux animaux sans défense, n'est-ce pas le plaisir le plus noble de vos grands?.... Vous trouvez que c'est un mal lorsque l'homme est forcé de disputer son existence aux animaux farouches qui veulent le dévorer.... Aux ordres d'un maître, ne va-t-il pas tous les jours la disputer avec ses semblables qui ne l'ont point offensé?

LE SILPHE.

L'homme sauvage fait aussi la guerre, c'est son premier métier.

LES HOMMES DE LA NATURE,

ET

LES HOMMES POLICÉS,

PANTOMIME EN TROIS ACTES,

Dédiée à ceux qui n'entendent pas.

PRÉCÉDÉE ET SUIVIE

DES DEUX SILPHES

PROLOGUE ET EPILOGUE.

Dédiée à ceux qui entendent.

Par J. G. A. CUVELIER, associé correspondant de la société Philotechnique.

Représentée, à Paris, sur le Théâtre de l'Ambigu-Comique, le 1er Fructidor, an 9.

> Tais-toi, ou dis quelque chose qui vaille mieux que le silence.
> PITHAGORE.

A PARIS,

Chez BARBA, Palais-Égalité, galerie derrière le théâtre Français de la République, n°. 51.

AN IX.

PERSONNAGES.

Prologue et Epilogue.

UN SILPHE.	Mad. *Dacosta.*
UNE SILPHIDE.	Mlle. *Planté.*

Pantomime.

OHI, jeune homme sauvage.	C. *Vicherat.*
HÉA, jeune fille sauvage.	Mlle. *Pauline.*
MATRHÉA, mère d'Héa.	Mad. *Legras.*
RORU, chef de guerre des sauvages.	C. *Desprez.*
BADMAN, gouverneur anglais.	C. *Révalard.*
Un Capitaine de vaisseau anglais.	C. *Boicheresse.*
Un Sergent anglais.	C. *Delaporte.*
Un Caporal anglais, maître d'armes.	C. *Martin.*
Un Geolier, anglais.	C. *Dumont.*
Trois Officiers anglais.	C. *Thibouville.*
	C. *Barthelemy.*
	C. *Caranda.*
JONA, vieillard sauvage.	C. *Lebel.*

Deux négrillons.
Deux vieillards sauvages.
Trois musiciens sauvages.
Femmes et hommes sauvages.
Femmes Européanes et Bayadères.
Troupes anglaises et cipayes.
Deux schériffs anglais.
Matelots anglais.

Les Ballets sont du Cit. Richard.
Les Décorations du Cit. Philâtre.

La scène se passe, au Prologue, dans le vague des airs.

Et pour la Pantomime dans une isle du Nouveau Monde, habitée par des sauvages et des anglais.

LA SILPHIDE.
Il la fait pour sa défense personnelle.

LE SILPHE.
Il a aussi des maîtres qui le dirigent.

LA SILPHIDE.
Ils sont choisis par lui-même; ce sont toujours les plus braves, les plus généreux.... La victoire les désigne, la reconnaissance les nomme.

LE SILPHE.
Il est des peuples policés qui ont cet avantage.

LA SILPHIDE.
Il en est bien peu, et s'ils se rapprochent ainsi du vœu de la nature; ne voit-on pas que c'est un motif pour armer contr'eux tous les autres?

LE SILPHE.
Ecoutez : voici tous les crimes des hommes sauvages.

LA SILPHIDE.
Je vous suis, pour vous opposer tous ceux des hommes policés.

LE SILPHE.
Ils ne connaissent pas cet être éternel qui balance les mondes dans ses mains toutes puissantes.

LA SILPHIDE.
Ils adorent le soleil, qui en est l'image par son éclat et sa bienfaisance, et jamais ils ne maudissent leurs frères, pour ne pas penser comme eux.

LE SILPHE.
Les hommes sauvages, méconnaissant le lien sacré du mariage, prennent à l'aventure la femme qui semble flatter leurs désirs passagers.

LA SILPHIDE.
Les hommes policés les imitent tous les jours, après avoir prononcé le serment solemnel de n'en rien faire. Au moins les premiers ne trompent jamais leurs amis sous le masque de la bonne-foi; ils ne leur ravissent pas leurs biens en les caressant.

LE SILPHE.
Les enfans qui naissent de ces unions sont à toute la

horde ; aucun ne peut jouir véritablement du plaisir de la paternité.

LA SILPHIDE.

Chez les hommes en société, souvent le père hésite en embrassant son fils ; plus souvent encore les enfans infortunés ne sont à personne.

LE SILPHE.

Les sauvages dévorent leurs prisonniers de guerre...

LA SILPHIDE.

Idée horrible!... Mais il est plus horrible encore de les entasser dans des cachots, et de les laisser mourir lentement de faim et de misère.

LE SILPHE.

Avant de consommer le sacrifice, ils les jettent dans un brasier ardent, et leur font souffrir mille tortures.

LA SILPHIDE.

Ce tableau me fait frémir. Cependant ces ennemis s'étaient armés contr'eux. S'ils eussent été vainqueurs, ils leurs destinaient le même sort. Dans la société, n'a-t-on pas vu mille fois torturer, brûler des hommes qui n'étaient pas des ennemis, qui ne menaçaient pas les jours des autres, qu'on appelait des frères égarés, et dont le seul crime était de ne pas penser comme tout le monde, ou d'être nés dans un climat différent?

LE SILPHE.

Les hommes de la société ont autour d'eux tous les secours pour soulager leurs maux.

LA SILPHIDE.

Les hommes de la nature n'en éprouvent presque pas.

LE SILPHE.

Ils ont des religions consolatrices.

LA SILPHIDE.

Dites des cultes différens. La religion de l'honnête homme est une dans les déserts de l'Afrique comme dans les villes de l'Europe.

LE SILPHE.

Ils ont, pour se sauver de l'ennui, la littérature et les arts.

LA SILPHIDE.

Les sauvages ne s'ennuient jamais.

LE SILPHE.

Ils se créent tous les jours des jouissances nouvelles.

LA SILPHIDE.

Qui deviennent des besoins, et bientôt des peines quand ils ne peuvent plus les satisfaire.

LE SILPHE.

Ils ont mille sensations inconnues dans les déserts.

LA SILPHIDE.

Les habitans des forêts ont l'amitié sans perfidie, l'amour sans remords, la gloire sans orgueil ; tout cela vaut bien des sensations factices.

LE SILPHE.

Enfin, ils se font de bonnes lois.

LA SILPHIDE.

Les sauvages savent s'en passer....

LE SILPHE.

Je vois bien, aimable compagne, que nous aurons de la peine à tomber d'accord.

LA SILPHIDE, (*riant.*)

Il ne serait pas sage d'imiter vos hommes policés, en nous déchirant pour des opinions.

LE SILPHE.

On a du plaisir à avouer ses torts à une jolie femme... J'avoue donc....

LA SILPHIDE, (*l'interrompant.*)

N'avouez rien : nous pourrions bien avoir raison tous deux.

LE SILPHE.

Que voulez-vous dire ?

LA SILPHIDE.

Que l'expérience doit être notre règle.... Ecoutez-moi.

LE SILPHE.

Je vous écoute.

LA SILPHIDE.

Nous planons en ce moment sur une des parties du monde habitée également par des hommes de la nature et des hommes policés ; plaçons-nous sur un de ces nuages, fixons nos regards sur cette terre nouvelle : un grand tableau va se dérouler à nos yeux ; nous n'entendrons pas ces pauvres humains, leur langage est si trompeur, que nous pourrions, tout génie que nous sommes, nous y laisser prendre comme les autres : c'est par leurs actions seules qu'il faut les juger, et c'est ainsi que nous déciderons la question que nous venons de débattre.

LE SILPHE.

J'y consens de bon cœur. Restons sur notre tribunal aërien une journée entière : c'est tout le tems qu'il faut pour bien voir et bien juger : mais à tout évènement, que notre discussion soit utile à l'humanité, et soyons prêts à user du droit qu'on nous accorde d'arrêter le vice triomphant et de secourir la vertu opprimée.

(*Ils s'enlèvent dans un nuage.*)

Fin du Prologue.

ACTE PREMIER.

Le théâtre représente, dans le fond, la mer, dominée à droite (de l'acteur) par un rocher; en avant, une campagne Indienne. A l'avant-scène, à droite, la cabane d'Héa. Sur les côtés, plusieurs autres cabanes. On apperçoit sur la mer le nuage lumineux qui cache les génies.

In facie legitur homo.

SCENE PREMIERE.

(Il fait nuit)

Au lever du rideau, Ohi et plusieurs jeunes sauvages sont rangés en demi-cercle, les jambes croisées et assis près de la cabane d'Héa; ils fument le calumet de paix et viennent tour-à-tour lancer des bouffées de fumée à l'ouverture de la cabane.

(Le jour paraît.)

Ils annoncent qu'ils attendent avec impatience qu'Héa fasse un choix parmi eux; tous lui offrent leurs hommages. Le premier apporte une massue, qu'il plante près de la cabane; le second, une peau de crocodile; le troisième, une chevelure enlevées aux ennemis; le quatrième, la dépouille d'un tigre, qu'il a tué, et tous les autres, des présens à peu près semblables; Ohi ne dépose qu'un épi de maïs au milieu de plusieurs fleurs Dès que les sauvages ont fait leurs offrandes à la beauté, ils se retirent mystérieusement.

SCENE II.

(Il est tout à fait jour.)

Héa sort de sa cabane; elle examine tour-à-tour les différens présens de ses adorateurs : après un mur examen, elle prend l'épi de maïs et la presse sur son cœur.

SCENE III.

Matrhéa sort de la cabane, approuve le choix de sa fille et lui attache sur la tête les fleurs emblématiques qui entourent l'épi.

SCENE IV.

Les jeunes sauvages reviennent. Ohi jouit de son bonheur, tombe aux genoux d'Héa qui pose son pied sur la tête de son amant, tous les camarades d'Ohi le félicitent.

SCENE V.

Les femmes sauvages paraissent conduisant avec respect les anciens de l'habitation. Les anciens présentent le calumet de paix à Ohi et Héa, qui y fument l'un après l'autre.

SCENE VI.

Les guerriers s'avancent conduits par Roru. Ils offrent une peau de tigre à Ohi : il en décore ses épaules. Roru lui présente un arc et des flèches, en lui annonçant que désormais sa chasse doit nourrir sa compagne.

Pendant ce tems, on a élevé à gauche un autel de gazon ombragé de feuillage. Tous les sauvages se prosternent vers le soleil levant et l'invoquent.

Les anciens conduisent les deux époux à l'autel : ils sont liés l'un à l'autre par une guirlande de feuillages.

Roru coupe des cheveux sur le front d'Ohi, Matrhéa en coupe également sur le front de sa fille : les cheveux sont confondus et portés sur l'autel.

Deux jeunes garçons apportent un brandon enflammé par le frottement de deux morceaux de bois, le feu sacré s'allume sur l'autel et consume les cheveux. Pendant ce tems, Ohi et Héa, à genoux près de l'autel, se donnent le premier baiser conjugal, tandis que les guerriers les couvrent de leurs armes, les femmes de branches d'arbres, et que les anciens imposent les mains sur leurs têtes.

On exécute la danse du mariage.

Pendant la danse, le tems s'obscurcit, le tonnerre gronde, la mer s'agite.

On entend des coups de canon dans le lointain. La danse

est interrompue ; les sauvages effrayés, parcourent la scène en désordre, l'orage augmente et éclate avec violence.

SCENE VII.

On apperçoit sur la mer un yacht portant pavillon anglais, et balotté par la tempête. La foudre éclate, l'yacht est englouti, un seul homme paraît nager sur les flots, tous ses compagnons ont péri.

Les sauvages, voyant les dangers de cet homme, n'écoutent que la voix de l'humanité, bravent la tempête, se répandent sur le rivage, grimpent sur les rochers, et cherchent à donner tous les secours possible au malheureux qui se noye.

Après beaucoup d'efforts, ils parviennent à le tirer des flots ; ils le couvrent de peaux, le soulèvent dans leurs bras, le réchauffent sur leur sein et le portent auprès de l'autel. Cet homme est Badman, gouverneur de l'établissement anglais ; il est mourant et sans connaissance. Les sauvages, dirigés par Ohi et Héa, lui prodiguent les soins les plus empressés : tous leurs efforts paraissent infructueux, jusqu'au moment ou Héa, guidée par l'humanité, s'avise de lui introduire dans la bouche le tuyau du calumet, en soufflant avec force par l'autre bout.

Cet expédient, dicté par la nature, a rappelé la vie fugitive de l'anglais ; il revient à lui, jette ses regards étonnés sur tout ce qui l'environne, et paraît frappé surtout de la figure angélique d'Héa, qui suit tous ses mouvemens avec une joie mêlée d'inquiétude. Les premiers regards de cet homme rappellent l'idée du serpent réchauffé dans le sein de son bienfaiteur, et qui déjà médite de le percer.

A mesure qu'il reprend ses sens, il fixe Héa avec plus d'énergie ; déjà sa belle libératrice rougit et baisse les yeux devant l'œil hardi qui ose l'interroger ; déjà le trait de la jalousie sillone le front d'Ohi.

Les sauvages continuent de prodiguer leurs soins à celui qu'ils ont sauvé ; on lui apporte des fruits et des gâteaux d'igname : il les refuse pour accepter du vin qu'Héa vient de faire jaillir d'un palmier, et qu'elle a reçu dans une noix de coco. L'anglais semble boire l'amour avec ce breuvage, la jalousie d'Ohi s'en accroit.

On soulève Badman ; tout le monde s'empresse pour soutenir ses pas encore chancelans. On veut le conduire dans une cabane ; on l'engage à réparer ses forces par un doux repos. Il marche appuyé sur Héa. Tous les sauvages le suivent avec intérêt.

On entend un coup de canon à la mer. Les sauvages s'arrêtent avec inquiétude. Badman exprime un mouvement de joie féroce, qu'Ohi saisit.

SCENE VIII.

On apperçoit à la rade un vaisseau anglais qui se met en panne, et jette dehors sa chaloupe à un signal que Badman fait en agitant son écharpe qu'il a détachée.

Les sauvages se rassurent petit-à-petit, et examinent avec curiosité le bâtiment. Les anglais débarquent conduits par leur capitaine, qui témoigne la joie la plus vive d'avoir retrouvé le gouverneur. Les matelots et les soldats, par leur respect, annoncent assez que Badman est un homme puissant qui les commande.

Le gouverneur montre Héa au capitaine comme sa libératrice ; le capitaine veut embrasser Héa, qu'il trouve jolie ; Ohi passe fièrement entre elle et lui et l'en empêche.

Badman prend à part le capitaine : il lui annonce qu'il veut posséder Héa, et lui ordonne de chercher les moyens de l'enlever. L'officier lui déclare qu'il sera obéi, mais qu'il faut user d'adresse.

Aussi-tôt il donne des ordres. On apporte un gros barril d'eau-de-vie, et une malle pleine de clous, de morceaux d'acier, de verre, et autres bagatelles.

Les femmes se grouppent d'un côté près de la malle. Les hommes de l'autre côté s'asseyent, les jambes croisées, autour du barril qui contient la fatale liqueur. Ils boivent avec délice ; les femmes reçoivent les bijoux, et témoignent la plus vive surprise et la joie la plus extravagante.

Pendant ce temps, le capitaine complotte à part avec le perfide gouverneur. Héa semble séduite comme une autre par un collier de verroterie que le gouverneur lui présente.

Ohi seul craint une perfidie, s'écarte de la troupe, refuse de boire, et, attentif à tous les mouvemens du gouverneur, il prépare son arc et ses flèches.

A peine les sauvages ont-ils goûté l'eau-de-vie, qu'ils se lèvent chancelans, et, se prenant la main, se mettent à danser autour du barril avec une espèce de fureur. Les femmes, de leur côté, sautent de joie, et se mêlent dans des jeux variés, en songeant aux richesses qu'on vient de leur prodiguer.

Tout-à-coup, aux ordres du gouverneur, un soldat anglais, placé en sentinelle sur le rocher, tire un coup de fusil. Le vaisseau y répond par une canonade. Les sauvages, épouvantés et ivres, se croient morts, et tâtent avec surprise tous leurs membres. Les femmes se jettent la face contre terre. Les soldats anglais se précipitent sur les sauvages, et les massacrent avant qu'ils aient le temps de se mettre en défense; d'autres soldats saisissent les femmes, et veulent leur faire violence.

Le gouverneur et un officier s'emparent d'Héa et prétendent la conduire à la chaloupe. Héa se débat avec vigueur au millieu d'eux. Ohi, qui n'a pas perdu de vue sa maîtresse reparaît au milieu de la mêlée, et, bandant son arc, il ajuste le gouverneur, le manque et tue l'officier.

Aussi-tôt, il arrache le sabre de celui qu'il a renversé, se jette sur Badman et l'attaque avec tout le courage de l'amour et du désespoir. Bientôt il en est séparé par un grouppe de soldats, au milieu desquels il se débat en frappant au hazard d'estoc et de taille.

Au milieu de ce désordre, Héa est enlevée et conduite au vaisseau; d'où elle tend les bras à son époux.

Ohi, voyant qu'il a perdu sa maîtresse, renverse tout ce qui l'environne, grimpe sur le sommet du rocher, tend les bras vers le ciel et se précipite dans la mer, croyant pouvoir suivre à la nage les ravisseurs de son amie.

Fin du premier acte.

ACTE II.

Le théâtre représente un sallon richement meublé dans le palais du gouverneur. De tous côtés respire le luxe de l'Europe, uni au luxe des pays chauds. A droite, on apperçoit la porte d'un cabinet, et plus loin un portrait de femme européane. A gauche est un sopha. Près du cabinet est une riche toilette et une grande glace couverte d'un voile.

Quidquid est in mundo est concupiscentia occulorum aut carnis, aut superbia vitæ.

SCENE PREMIÈRE.

Au lever du rideau, le gouverneur, mollement couché sur le sopha, fume des parfums dans une pipe élégante et longue, soutenue par deux négrillons. Il est environné d'une cour d'officiers et de femmes soumises à ses caprices. Il déploie tout le luxe et l'insolence des nababs. Deux femmes pincent du cistre, d'autres dansent devant lui vêtues en bayadères ; les dernières, un genou en terre, lui présentent, sur un riche plateau, des rafraîchissemens de différens genres. Le gouverneur semble ennuyé des honneurs qu'on lui prodigue, il fait retirer tout le monde et ordonne qu'on lui amène Héa.

SCENE II.

Aux ordres du maître, Héa paraît enchaînée et portée par deux cipayes qui se retirent avec respect après l'avoir couchée sur le sopha.

SCENE III.

Le gouverneur ôte les chaînes d'Héa ; se jette à ses pieds et fait retirer les officiers.

SCENE IV.

Héa commence à revenir de son évanouissement.
Badman se cache pour l'examiner.

Héa semble avoir fait un songe pénible, elle se rappelle, avec horreur, la scène qui vient de se passer, elle examine avec une espèce ve curiosité stupide de l'endroit ou elle se trouve, tout semble l'étanner et lui plaire, elle parcourt l'appartement, et, ne voyant personne, elle se rassure un peu.

Elle se trouve vis-a-vis de la toilette, elle se trouble à cette vue; la richesse de ce nouveau meuble la frappe, elle s'approche en examinant si personne ne peut la surprendre; elle lève la gaze qui couvre le miroir; quel est son étonnement ! en voyant ses traits réfléchis par la glace? elle recule d'abord effrayée, puis se rapproche; elle veut porter la main sur l'image qui est devant elle, et s'étonne encore plus de ne pouvoir la palper; elle voit le portrait, va le toucher, le trouve uni; et conçoit que ce qu'elle voit dans la glace est aussi un portrait; mais le second portrait lui sourit, se fâche, boude et agit comme elle. Elle ne peut concevoir ce magique effet; elle présente le tableau à la glace qui le double, nouvel étonnement... sans deviner la cause, elle jouit de l'effet, se plait à se revoir, à sourire encore dans le miroir. Dans ce moment le gouverneur paraît derrière elle, la glace réfléchit ses traits odieux; Héa recule avec épouvante, elle va chercher derrière la glace et dans l'appartement, ne trouvant pas son persécuteur, elle se rassure et croit s'être trompée.

Alors elle ouvre la toilette, elle trouve sous sa main un diadême, des aigrettes, un collier de diamans; après les avoir essayés de cent manières, elle en pare sa tête et son col, en se servant du portrait comme d'un modèle, et son admiration pour elle-même redouble.... sa joie est au comble en trouvant sur le sopha un riche habillement européan... Elle court et saute dans le sallon, Badman, qui se montre de tems en tems, jouit du succès de son stratagême. Héa prend les habits, elle essaye de s'en couvrir; mais elle ne peut en venir à bout, elle se dépite, elle se fâche, et les jette sur le sopha comme si elle renonçait às'en servir.

SCENE V.

Des bayadères paraissent, conduites par Badman qui leur

ordonne de garder le silence, et se cache de nouveau ; les bayadères se grouppent autour de la toilette, appellent Héa, interdite de les voir, l'habillent à l'européané, et, dansant devant elle, lui donnent des leçons sur la manière de marcher, de se tenir, de danser, de se servir d'un éventail ; enfin sur tous les détails de la coquetterie. Héa reçoit d'abord gauchement ces leçons, ensuite elle essaye d'imiter, elle rit de sa propre maladresse ; et, après mille détails, elle parvient enfin à prendre un peu de la tournure des coquettes de l'Europe.

SCENE VI.

Le gouverneur se montre. Héa est effrayée à sa vue...... Les bayadères lui indiquent qu'elle a tort, qu'il faut le recevoir d'une manière aimable, qu'ainsi le veut l'usage ; Héa croit que c'est un nouveau jeu, et, déjà séduite par la coquetterie, elle se laisse conseiller, prend un air de dignité, reçoit le gouverneur, joue la petite maîtresse, le souffre à ses genoux, et lui donne sa main à baiser.

On entend un grand bruit au dehors.

SCENE VII.

Ohi qui a été recueilli dans le vaisseau et qui s'en est échappé, paraît se débattant au milieu de deux cipayes qu'il renverse. Il cherche Héa parmi les femmes ; il tourne plusieurs fois autour d'elle avant de la reconnaître ; la reconnaît enfin ; va pour courir dans ses bras qu'elle lui tend, et soudain s'arrête accablé.... Héa a pris le costume européan ! En a-t-elle pris les mœurs ? est-elle infidelle ? a-t-elle oublié son amant ? qui doit-il craindre ? que doit-il soupçonner ?... Un coup-d'œil d'Héa, un coup-d'œil énergique comme la nature qui le dicte, fait cesser son indécision ; il se jette dans les bras de sa maîtresse... Ce premier mouvement appaisé, il apperçoit le gouverneur ; une jalousie brûlante dévore son ame... Il accuse Héa de perfidie ; elle lui fait mille protestations ; elle veut l'appaiser ; il n'écoute rien ; ses bijoux, son habit, tout la condamne....

SCENE VIII.

Badman, toujours perfide, saisit cet instant; il fait apporter par ses soldats un habit militaire; il le présente à Ohi en le comblant de caresses, et en lui faisant entendre qu'il veut être son bienfaiteur, le mettre son égal, et le faire briller comme Héa avec un costume à la mode d'Europe. L'ame pure du sauvage ne peut soupçonner une trahison; d'ailleurs Héa le presse, l'encourage.... Il accepte; il prend l'habit, le chapeau, l'épée, et cherche à son tour, au milieu des explosions d'une gaîté bruyante, à singer le gouverneur.

(*Le fond du sallon s'ouvre, et laisse voir un jardin vaste et pittoresque terminé par un pavillon élégant.*)

SCENE IX.

Les femmes s'emparent d'Ohi; Badman fait sa cour à Héa.
(*On exécute différentes danses voluptueuses.*)

Les deux sauvages, marchant de surprise en surprise, n'ont pas le temps de soupçonner la bonne-foi du gouverneur. Un détachement de troupes anglaises et indiennes paraît, précédé d'un maître d'armes avec quatre élèves. On donne à Ohi la première leçon d'armes, et les élèves font assaut devant lui. Après l'assaut, le détachement fait diverses manœuvres. Ohi est frappé de ce qu'il voit; il voudrait pouvoir retenir ces évolutions pour les faire exécuter à ses guerriers, il cherche à les comprendre, à les exécuter lui-même; il compare son habit à celui des guerriers anglais, et s'imagine qu'on lui a fait un grand honneur en le lui donnant; il se mêle dans les rangs, et essaye de marcher comme eux.

On lui présente un fusil; il le prend; il cherche à faire les mêmes temps d'armes que le détachement. Un sergent s'approche de lui, et lui donne leçon.

(*Pendant ce temps, un caporal prend son signalement.*)

Le gouverneur donne des ordres à part à quelques officiers. Ils invitent Ohi à les suivre pour s'exercer plus à son aise dans la tactique européane. Ohi hésite un moment; enfin, décidé par l'amour de la gloire, il dit adieu à Héa, et sort au milieu de la troupe.

SCENE X.

Badman fait retirer les femmes, et reste seul avec Héa.

SCENE XI.

Badman recommence ses poursuites amoureuses; Héa le reçoit avec la même fierté. Après les plus vives sollicitations toujours rejetées, le gouverneur est prêt à se livrer aux dernières violences. Il veut conduire Héa dans un cabinet voisin. Déjà il l'enlève dans ses bras.

SCENE XII.

Ohi accourt; il est témoin de la perfidie du gouverneur; il lui arrache sa maîtresse, tire son épée, veut se jeter sur son rival, qui a mis aussi l'épée à la main. Héa se précipite entre les deux rivaux; elle est blessée au bras par son amant; elle tombe. A cette vue, la fureur des combattans est rallentie. Ohi jette ses armes, et se précipite sur son amie.

SCENE XIII.

(*Des officiers et des soldats accourent et peuplent la scène.*)

Aux ordres du chef, ils s'emparent d'Ohi. Héa se relève furieuse; elle accable Badman de reproches; elle déchire et jette loin d'elle les perfides ornemens qu'elle a reçus; elle se précipite dans les bras de son amant, qu'elle presse sur son cœur.

Badman fait signe aux soldats de saisir Ohi, qui, inscrit comme militaire, et en ayant accepté l'habit, a eu l'audace de tirer l'épée contre son chef. Il ordonne de le jeter dans un cachot, en attendant le jugement du conseil de guerre. On veut s'emparer d'Ohi; il renverse tout ce qui se présente; il veut emporter Héa; il va parvenir à se sauver; on l'entoure; on le désarme; on le garotte; on l'arrache à Héa, qui tombe accablée dans les bras des officiers, et on entraîne le malheureux sauvage, qui lutte en vain contre ses ennemis, et qui se trouve retenu par vingt bayonnettes croisées sur sa poitrine.

Fin du second Acte.

ACTE III.

Le théâtre représente un cachot. A gauche un banc de pierre, dans le fond la porte d'entrée; au-dessus du banc, à dix ou douze pieds de hauteur, une lucarne avec une grille de fer fermée par un gros cadenat.

> *O miseri quorum gaudia crimen habent!*
> HORACE.

SCÈNE PREMIÈRE.

Ohi dans les bras du sommeil repose sur le banc de pierre. Il semble rêver à sa douce amie; il sourit, il lui tend les bras, se lève, croit la presser sur son sein; ses chaînes le retiennent, il se réveille en sursaut; le rêve du bonheur s'évanouit. Il retombe accablé.

Après un instant de réflexion, il se lève de nouveau, accuse le sort, s'indigne de ses fers, les secoue, les détache: dans sa rage, il vole vers la porte, il l'ébranle avec force, il voudrait la briser en mille pièces; on entend le bruit des verroux.

SCÈNE II.

La porte s'ouvre. Quatre soldats, la bayonnette au bout du fusil, se présentent, ils enveloppent Ohi, il le pressent la pointe sur le cœur, et l'obligent de retourner sur le banc.

Un vieux geolier et un porte-clef sont entrés avec les soldats; ils rattachent les chaînes d'Ohi. A un geste du vieux geolier, les soldats se retirent.

SCÈNE III.

Le geolier referme sur eux la porte au verrou.

Ohi, stupéfait et dévorant sa rage, est assis sur la pierre, les coudes sur les genoux et la tête soutenue par ses deux poings. Le porte-clef le montre avec intérêt au geolier. Celui-ci fait signe au porte-clef de se contenir. Le porte-clef présente au geolier une grosse bourse, le geolier pèse la bourse et balance à l'accepter. Le porte-clef insiste, il demande à rester seul dans le cachot, et il exige la clef du cadenat de la lucarne qu'il indique du doigt, en annonçant le dessein de favoriser l'évasion du prisonnier. Cette clef est dans un trousseau à la ceinture du vieux geolier. Ce dernier paraît effrayé de la témérité de l'entreprise, il refuse et veut sortir. Le sensible porte-clef le prie le conjure et l'arrête enfin en lui présentant un riche colier de diamans, le même qui formait la parure d'Héa. A cet aspect, le vieux geolier ouvre de grands yeux, examine la bourse, frotte les diamans, et ranimé par la richesse de ce don, qui assure sa fortune, il cède la clef si désirée et sort doucement, en recommandant la plus grande prudence à son séducteur.

SCENE IV.

Le porte-clef, dès que les verroux de la prison sont refermés, s'avance et contemple Ohi avec un vif intérêt. Il s'approchent de lui et veut le consoler.

Ohi, revenant de sa longue stupeur, et voyant un de ses geoliers à ses côtés, se lève, saisit ses chaînes, et, furieux, veut en frapper le porte-clef. Celui ci fait deux pas en arrière, jette une perruque et une barbe postiches ; Ohi s'arrête et reconnaît sa chère Héa ; Héa qui a tout bravé pour sauver son amant (1).

Après les protestations d'amour et les caresses les plus vives, Héa annonce à son ami qu'elle vient pour le sauver. Elle lui montre la clef et lui indique la lucarne. Ohi saisit la clef, monte sur le banc de pierre, et, après de vains efforts, voit avec regret qu'il ne peut atteindre au cadenat.

---

(1) On me demandera sans doute comment Héa a pu se débarrasser de son persécuteur ? Mais ne sait-on pas que, dans les pays civilisés, avec de l'or on achète tout, même la vertu des autres ? Ne peut-on pas supposer qu'elle a promis plus de complaisance à Badman, et que ce gouverneur délivré de son rival et espérant tout désormais, a donné un peu plus de liberté à la belle sauvage, qui en a profité pour s'échapper du palais, et se faire ouvrir les prisons en répandant l'or que que lui a prodigué son séducteur? D'ailleurs messieurs les critiques savent bien que ceci n'est qu'une pantomime, et que mes collègues et moi nous n'y regardons pas de si près....

Héa se dépouille de ses habits de geolier et paraît en soldat anglais, dans un costume tout-à-fait semblable à celui de son amant. Etonnement d'Ohi. Son ingénieuse amie lui indique qu'il va, en montant sur ses épaules, atteindre à la lucarne et s'évader ; que pour elle, ne pouvant le faire, elle restera dans le cachot, et passera pour le prisonnier. Ohi l'écoute avec effroi. Ainsi, pour sauver sa vie, il exposerait celle de son amante ! Non, non, jamais ; plutôt périr de mille morts. Prières, larmes, supplications, tout est inutile ; Héa persiste dans son dessein : elle veut lui persuader que le gouverneur, dès qu'il la reconnaîtra, n'osera pas la sacrifier. Enfin, ne pouvant déterminer Ohi, elle saisit un poignard caché sous sa veste, et menace de s'en frapper à ses yeux, s'il ne consent à sauver ses jours par la lucarne qu'elle lui indique.

Ohi, effrayé de cette menace, consent à tout ; il prend le poignard, jure sur cette arme de sauver sa généreuse amie ou de périr ; Héa l'embrasse et le presse de s'évader..... un instant plus tard, peut-être, ne sera-t-il plus tems, et Héa pourrait-elle survivre à son époux.

Un dernier baiser fait cesser toute incertitude, et d'ailleurs l'espoir de la vengeance lui reste ; c'est assez, et le grand esprit ne laissera pas périr l'innocence.

La courageuse Héa monte sur le banc et s'appuie des deux mains sur le mur. Ohi s'élève sur les épaules de son épouse, il atteint au cadenat, l'ouvre, pousse la grille, s'élance et disparaît par la lucarne.

SCENE V.

Héa, palpitante d'espoir, de crainte et de fatigue, s'assied sur le banc, la main posée sur son cœur qui bat avec violence.... Elle se lève brusquement, écoute, respire à peine, croit entendre du bruit, se trompe, écoute encore, et, n'entendant rien, se jette à genoux avec une explosion de joie, et remercie le ciel.... On entend les verroux, elle se compose et et se met à la place du prisonnier, en tenant son mouchoir sur ses yeux.

SCENE VI.

Le geolier entre suivi d'un détachement, il apperçoit Héa qui se fait reconnaître à lui, indique que son amant est sauvé, et lui recommande le silence ; le bas-officier, commandant le détachement, annonce au prisonnier qu'il vient le chercher pour le conduire à la mort.

Héa est frappée de terreur à l'idée de sa prochaine destruction ; elle hésite, puis regarde la lucarne, et, certaine que son amant est sauvé, elle se décide à marcher au supplice, contente de se sacrifier pour celui qu'elle adore. Elle rabat son chapeau sur ses yeux, et sort avec fermeté au milieu des soldats.

SCENE VII.

(*Le théâtre change et représente une campagne. A droite, une estrade tendue de noir avec des sièges : dans les airs le nuage lumineux.*)

Les troupes défilent l'arme sous le bras gauche, au bruit d'une musique lugubre : les tambours sont voilés de crêpes. Tout annonce la mort.

SCENE VIII.

Le gouverneur arrive, et vient se placer sur l'estrade avec deux *schérifs*, qui portent à la main de longues baguettes blanches.

SCENE IX.

Le détachement amène le prisonnier ; on le place vis-à-vis l'estrade. Le détachement se met en bataille en face de lui.

Le gouverneur fait un signal. Les schérifs laissent tomber leurs baguettes.

Le détachement met en joue le prisonnier ; il va être fusillé. Il jette son chapeau, arrache son habit ; on ne voit plus à sa place qu'une femme sauvage. On s'étonne ; on s'arrête ; et le gouverneur, descendant de l'estrade, reconnaît Héa.

Stupéfaction, rage de Badman : son ennemi est échappé, le sentiment de la vengeance étouffe dans son ame celui de l'amour. Il donne des ordres ; on s'apprête à les exécuter. La malheureuse Héa va payer de sa vie son généreux dévouement. Il n'y a plus entr'elle et le néant qu'un seul mouvement à faire par les soldats féroces, qui la tiennent en joue.

On entend des cris sauvages, et le bruit des armes et des tambours, les bourreaux sont forcés de suspendre la cruelle exécution.

SCENE X.

Ohi n'avait pas en vain juré de tout tenter pour sauver sa libératrice, il a rassemblé les sauvages, culbuté les premiers postes anglais, pénétré jusques sur la place de l'exécution. Quel spectacle déchirant frappe ses yeux !

Il se précipite dans les bras de son amante. Le plomb meurtrier vôle. Le ciel, plus juste que les tyrans, le dirige loin des deux époux.

Mêlée, confusion générale. On se prese, on combat. Ohi se multiplie pour défendre Héa et fixer la victoire. Après de longs efforts, la cause de l'humanité est trahie par la fortune. Les braves sauvages, victimes de leur zèle, sont massacrés ou mis en fuite ; Héa est arrachée des bras de son ami ; Ohi est renversé et fait prisonnier.

SCENE XI.

Plus d'espérance, il faut périr, périr sans s'embrasser, sans se dire un dernier adieu. Le gouverneur triomphe. La mort plane sur les époux.... Mais à la voix des divinités protectrices de l'innocence, elle se détourne... On entend le mugissement du tonnerre, la foudre éclate, le tyran est frappé et englouti. Les soldats s'enfuyent épouvantés. Les deux époux se pressent mutuellement de leurs bras amoureux.

SCENE XII

Le nuage lumineux se développe et apporte les deux génies vers la terre.

Ohi et Héa tombent à leurs pieds.

Fin du troisième Acte.

ÈPILOGUE.

Nec deus intersit, nisi dignus vindice nodus.
HORACE.

SCENE PREMIERE.

LA SILPHIDE.

Vous les avez vu, jugez-les.

LE SILPHE.

Je m'avoue vaincu ; mais, d'après un fait particulier, n'établissons pas un principe général.

LA SILPHIDE.

Vous avez raison ; car s'il est partout des coupables, partout il est des hommes purs et généreux que nous devons protéger. Remplissons ces nobles fonctions en rendant ces deux époux à une famille et à des amis qui les croyent perdus pour toujours, et qui, dans cet instant, versent des larmes sur leur tombeau. Répandons partout les bienfaits et enseignons aux mortels, de tous les climats, qu'il existe une puissance éternelle et invisible qui protège les bons, et tôt ou tard punit les méchans. (*Ils enlèvent Ohi et Héa dans leurs nuages.*)

SCENE II

(*Le théâtre change et représente le site Indien du premier acte. Dans le fond, près de la mer, sont élévés, sur un tertre un gazon, deux tombeaux ombragés de cyprès et de saules pleureurs.*)

Matrhéa et toutes les femmes sauvages sont grouppées et pleurent autour des tombeaux.

SCENE III.

Les sauvages arrivent. Ils brisent leurs arcs et leurs flèches, et se réunissent aux femmes pour rendre des honneurs funèbres aux malheureux époux qu'ils croyent tombés sous les coups des anglais.

SCENE IV ET DERNIÈRE.

Tout-à-coup deux météores étincelans se balancent dans les airs et tombent sur les deux tombeaux, qui se changent en un trône au milieu de nuages transparens : sur le trône, on voit les deux génies, et à leurs pieds les deux amans. Les sauvages se prosternent.... Les deux époux les relèvent. Reconnaissance, joie, enthousiasme général. Ils sont unis de nouveau par Matrhéa, sous les auspices des génies, et une fête pure et simple, comme la nature termine la pièce, en exprimant tous les sentimens qui animent les bons et sensibles sauvages échappés pour jamais à la tyrannie de leurs voisins ambitieux et féroces.

FIN.

www.ingramcontent.com/pod-product-compliance
Lightning Source LLC
Chambersburg PA
CBHW070542050426
42451CB00013B/3143